JN261338

掌《たなごころ》の本

思い出の編集日記

柴崎俊子

銀の鈴社

来《こ》し方の記

(社)日本児童文芸家協会・
2012年児童文化功労賞受賞式に寄せて

1937年、長野県飯田市で生まれる。東京自由が丘から有明海の島に疎開。戦後、転々としながら茨城県阿見町の霞ヶ浦湖畔で多感な中学時代を過ごす。都立白鴎高校を経て東京女子大学国語科卒業。文部省の日本語司政官として出征し奇跡的に復員した父（山口正）は、亡くなった戦友の命だからと国語教育と国文学の機関誌「解釈」を創刊し、解釈学会を創設、全国展開を実現。父亡き後も志は受け継がれ多くの国語教育者や学者を世におくりだしている。高校時代から学者である父の片手間編集を手伝うため、出版の仕事に関わり現在に至る。主な編集統括として『上田敏全集』、『川端康成の人間と芸術』、『高村光太郎の人間と芸術』。『源氏物語英訳の研究』では毎日出版文化賞、『しおまねきと少年』で芸術選奨文部大臣賞、『旅の人芭蕉ものがたり』で産経児童出版文学賞ほか、数多くを受賞。感性を磨く詩心の基盤こそ、子どもの人生を左右すると信じ、少年詩を柱とした「良質なことば」に心をくだいてはじめたジュニアポエムシリーズは40年近く刊行を続け、小・中・高校の教科書の原典として実績を積み、2012年220点をこえる。ペンネーム阿見みどりで万葉野の花の画を描き、万葉びとと野の花のメッセージを伝えている。★所属　銀の鈴社（創業者）現在は編集長。日本児童文芸家協会、日本児童文学者協会。鎌倉市在住。

思い出の著者の面影

秋原秀夫さん

「吉田瑞穂先生からの紹介ですが、御社から詩集をだしたいのです。出版条件を教えてください」とてもていねいなお電話でした。私なりの出版姿勢と条件をかいつまんでご説明すると「詩集はとにかく売れませんから承知の上です。それでも出版していただけることをうれしく思います。絵は鈴木義治さんに頼んでいただきたい」翌日送られてきた原稿は、学徒動員時代の心象風景を詠んだものでした。いかにも生真面目な青少年期の心のさざなみが記憶の糸をたぐり寄せて綴られています。題して『風の記憶』。

翌、1986年秋、ジュニアポエムシリーズ№45『ちいさなともだち』の原稿をお預かりしてこれから契約というまさにそのとき、不意打ちの不渡り手形の事故に巻き込まれて、教育出版センターは一晩で地獄と化しました。寝耳に水の状況が秒単位で襲いかかり、常務だった私は事態を把握出来ないまま、手のひらを返すまわりの人々にすっかり人間不信になっておりました。そんななかやるべきことは「解釈」と「日本児童文学」の編集。2点の月刊誌編集という責任を全力で果たすことのみに心をいれる覚悟でした。そのために銀の鈴社をたちあげ、2人の娘の協力でなんとか欠号をださずにのりきりました。当時、ドイツ留学中の長男は急遽帰国となり、社長の父親の手伝いで燃えさかる火のなかを走り回っていました。

半年ほど過ぎた頃だったと思います。秋原先生から「心配してる、自分になにが出来るわけではないが、日銀にいたのでアドヴァイスぐらいは。後楽園前のルノアールで会いましょう」と。私の理解している範囲ながら一部始終を正直にお伝えしました。しばらくたって中断している『ちいさなともだち』をすすめてほしいと。手のひらを返す人ばかりの中で、「変わらぬ人」最初の登場でした。はずみがついてつぎつぎと仕事がつながり、銀の鈴社はほそぼそと進みはじめることができました。非常時に確として判断された秋原先生の信頼を私は杖ともして出版人を貫いて今を生きています。

数年後、久々にお電話をいただきました。「今、世話になっている芸風書院の社長が亡くなり、会社を閉めることになりました。数年続いている年刊アンソロジー『現代少年詩集』

秋原秀夫さん（1924－2006）

をひきついでもらえませんか」と。信頼されることで自力以上の馬力が湧いてくる感覚を味わった瞬間でした。

あのとき父はいいました。保証人のため退職金ほかすべてを失った父は、結果よりプロセスが大事、誠実に処している芳夫（夫。教育出版センター社長）をぼくは信じているよ、と。

捨てる神あれば拾う神ありと奈落の底でしみじみと人としてのありようを学んだ、今となっては大きな体験と思うこのごろです。

地球のうた
秋原秀夫／詩
徳田徳志芸／絵
1993年7月

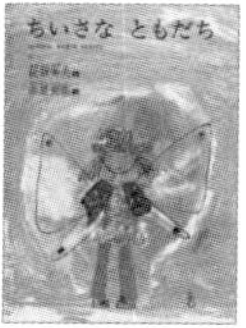

ちいさなともだち
秋原秀夫／詩
赤星亮衛／絵
1987年8月

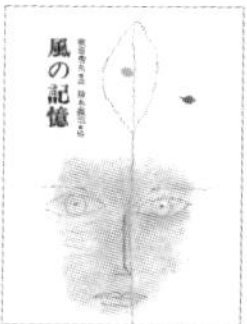

風の記憶
秋原秀夫／詩
鈴木義治／絵
1985年12月

安西　均さん

和服姿でバス停までお迎えくださいました。そこは私が疎開前に住んでいた、自由が丘から近い大きな総合病院のバス停。先生は質素なたたずまいの平屋で、おひとり暮らしの感じでした。きちんと用意されたテーブルに原稿をひろげて、ゆっくりと説明されます。

思慮深い話の進み具合は、私にもよく理解できるように噛み砕いて。先生の万葉集の解釈は、今まで私が学んできた切り口とはちがいます。なぜだろうと考えているうちに、思い当たりました。先生の詩人という詠み手なればこその視点が特徴だと。

安西　均さん（1919－1994）

お話を聞いて、原稿のさわりをパラパラ斜め読みして、「『古代歌謡の現場』というタイトルはどうでしょう」と。それは「現場」という発想がぴったりでした。若い私の率直な提案をすっかり気に入ってくださり、その場でタイトルが決まったことをふっと思い出しました。

謙虚に耳を傾けていただいた、たわわに実った稲穂のような著者のおひとりです。

古代歌謡の現場
私の日本詩史ノート
安西　均／著
1976年9月

井上　靖さん

詩人たちの「焔《ほのお》の会」はある時期、教育出版センターの大塚アカデミービル1F、レトリカが会場でした。「レトリカ」とは、ソクラテスやアリストテレスの対話法「レトリカ」からつけた、本棚に囲まれたサロンの名前です。ご縁を得て、福田正夫全詩集やジュニアポエムの福田正夫詩集『星の輝く海』が誕生しましたが、金子秀夫さんと福田美鈴さんが引き継がれた会の集会所として喜ばれました。会員は井上靖、山本和夫、石垣りんさんたち20人ほど。

私はお茶のお世話もあり、社長と同席していました。その日のフリーの時間のこと、突然井上先生が「今ぼくはね、神について考え続けているんだけどあなた、神をひとことで表現してみて？」唐突なご質問に戸惑いつつ、私は一人前に対応してくださるその姿勢がうれしくて「天です」「ほう、なぜ？」「私、上田敏全集をやっとしあげたのですがその第一巻の海潮音の〈時は春　日は朝　朝は七時　片岡に露みちて揚雲雀なのりいで　かたつむり枝に這ひ　かみ天《そら》に知ろしめす〉という詩が大好きですが、その天、宇宙はまさに神ということだと思うのです…」「やぁ　いいことを聞いた。今日は、もうひとつ考えが深まったよ」と。ちいさな一出版社の女性にもかかわらず率直に考えを聞きだし、その瞬時の反応に耳を傾けられる大らかさ、これこそ実るほどに稲穂は垂れるという実話だと、うれしい忘れられない思い出です。

井上先生とのご縁といえば、あとで知ったのですが妹のドイツ国費留学生グループの仲間にご長男がいらしたとか。そして3年ほど前、福田美鈴さんのお世話でご長女の黒田佳子詩集『夜の鳥たち』を出版させていただきました。

ジュニアポエムシリーズの『シリア沙漠の少年』は先生が20代のころの作品を中心に編集させていただきました。それも「あなたのいいようにやってみて」と。

シリア沙漠の少年
井上　靖／詩
駒宮録郎／絵
1985年8月

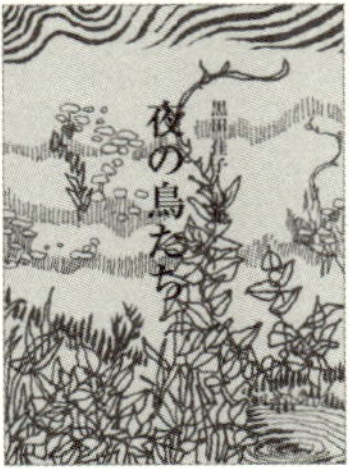

夜の鳥たち
黒田佳子／詩
福田達夫／絵
2007年9月

井深　大さん

『赤ちゃんへの贈りもの』という絵本を流通にのせたいと、秘書のかたから頼まれて何度かソニーに打ち合わせに伺いました。当時、幼児開発協会も併設されて、特に幼児教育の重要度を力説、むしろ胎児のころ、お母さんのおなかのなかからの教育をと、この本が企画されたのです。

刊行時、銀座のソニービルでの出版記念パーティに夫とふたりで招待され、多勢のまえでねぎらいのお言葉を頂いて、世界のソニーもその原点は自分と同じ「心豊かな子どもたち」がテーマなのだと、近しい感覚が胸をよぎって心地よい時間でした。

その後さらに『0歳は純金　赤ちゃんばんざい！』Ⅰ・Ⅱも生まれました。

明るい未来を夢見るならば、ひとりひとりの大人が、常にこうして子どもたちに心を寄せて、日々を過ごすことが遠回りのようですが一番確実だと思うのです。

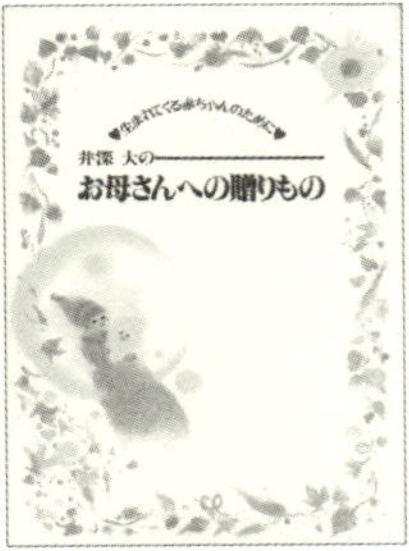

お母さんへの贈りもの
井深　大／著
1983年5月

著書：
0歳は純金　赤ちゃんばんざい！ Ⅰ・Ⅱ
井深　大／著
1985年10月

江上波夫さん

『世界歴史文化大事典』の編集は、私にとって生涯二度とできないほどの大仕事で不可能に挑戦したものでした。教育出版センター20周年の記念とはいえ、男の人の野望はたいしたものだと感心します。出版社側の編集長として、最後の追い込みは壮絶をきわめるものでした。やっと刊行の見通しがたつと、次は魅力的なパンフレットを作れと当時の販売会社の注文は容赦がない。

推薦文に江上波夫先生の名があがり、古代オリエント博物館館長のご自宅にお願いに。先生は、こんな大きな仕事にチャレンジする姿勢を心から喜び評価してくださいました。

「いま世界的な規模の大事典が、日本の一出版社の力で全国の関係学者の協力を得て実現に向かっている。火は點《とも》された。やがて燎原の火のようにひろがり、文化の若草の糧になることを期待する」と。

先生は根掘り葉掘りお聞きする訳でもないのに、深い洞察力で私の心底をしっかり見通して、力強い励ましをくださったのです。折しも先生の何歳かの記念出版の詩集が出来たところだからと、一冊くださいました。

その本を中心に中高生にも読んでほしいと感じた視野のひろい詩境を、私の感覚でまとめ、ジュニアポエムシリーズの一冊に。

なかでも「庭園」という詩は、地球をキャンバスにみたてた

江上波夫さん（1906－2002）

造園芸術としてのスケールの大きな、いかにも騎馬民族をテーマとする江上先生らしい詩で、私の大好きなベストテンにはいる、後世に伝えたい詩です。

ミスター人類
江上波夫／詩
青空風太郎／絵
1985年11月

小野ルミさん

何度もお約束の日時をキャンセルされ、最後は待てど暮らせど指定の場所に現れず。そんな不安感に始まった『ゆきふるるん』。作品はどれも味わいがあり、やはりジュニアポエムシリーズにいただきたいと思う気持ちが強く、覚悟をきめてやっと土俵にあがりさし向かう。「こんな文字はきらい。こんな絵はいや」と…好みのはっきりした物言いは私の迷いを突き抜けて前進しました。

私の編集人生では不用意な障害と立ち向かった数少ない出版の一冊でした。

わるいことは容赦なくつづき、途中、今はない当時の印刷工場のミスで、画家の和田誠さんに大目玉をもらい、おさまりつかずその印刷会社の社長と再度あやまりにいったり、苦渋の詩集となりました。

あとでご主人様からのお電話で、「亡くなった妻の思いのままの詩集を遺すことが出来たことを感謝します」と聞いて、ご本人のお身体の状況も気づかずの反省しきり、冷や汗の一冊。

大切な一冊。

ゆきふるるん
小野ルミ／詩
和田　誠／絵
1989年12月

恩田逸夫さん・秋夫さん

跡見学園の教授だった恩田逸夫先生は解釈学会の当初からの常任委員のおひとりでした。学校が同じ大塚で近いこともあり、まめに御来社くださいました。ポケットから手のひらにのる小さな壺や小皿など陶器の実用品を「今日はこれ」と。手から手へ。よろこぶ顔を茶目っけたっぷりのまなざしで、これが恩田流ご挨拶。

宮沢賢治研究の第一人者。その洞察力、宇宙観は独特の思考が貫かれた作家論を発表されていました。

解釈学会全国大会は夏休みに地方でも開催され、私たちは家族旅行も兼ねて楽しみでした。羽黒山へ向けての車中のこと、まだ小学生だった息子の聡がめずらしく文庫本を読んでいました。「なにを読んでるの？」なんと宮沢賢治の短編集「銀河鉄道の夜」でした。「山口先生、この子はおおものになります。保証します」ユーモアたっぷりのそのお顔。おかげでそれ以来、本好き少年に仲間入りした感ありです。

弟の秋夫先生は、木版画家で芭蕉や一茶、蕪村などの板画俳画で「解釈」の表紙を飾ってくださいました。

もっとゆっくり大きく飛べよ　羽鳥徹哉／著　1973年12月

川端康成さん

解釈学会機関誌「解釈」の川端文学特集号が好評で三号ほど続くことになり担当の藤森、林氏の熱意で「川端文学研究会」をたちあげることに発展し、父・山口正が東大の後輩ということで手紙を書き、返書の日時に表敬訪問することになりました。そのときの一行の川端邸での写真(次頁)

次は『川端康成の人間と芸術』の企画、そして出版記念会ご招待と、節目のご挨拶は女性がいいとの学者たちの意向でまだ若かった私にその大役がまわってきました。本をお渡ししたのは品川プリンスホテルの一室で、ちょうど都知事選の応援で上京するからと。指定された部屋をノックすると先客

川端康成さん（1899－1972）

鎌倉の川端邸にて
（右から）
柴崎芳夫（夫）
武田勝彦
柴崎俊子
山口　正（父）
川端康成
林　武志
小林一郎
長谷川泉

川端康成の人間と芸術
川端文学研究会／著
1971年4月

川端康成筆

はテレビで見覚えのある前川清と当時の夫人藤圭子さん。「りっぱな本ができたね。まいったなぁ」と私たちを見渡して、一冊にサインをしてくださることに。「あなたのフルネームは?そう、俊敏の俊、いい名だねぇ」。あまりにはりつめた緊張の空気を気遣ってくださる。また別のとき、『以文会友』と書いた色紙をくださいました。「たくさんいい本を作ってくださいね」と。この言葉からシリーズ『以文選書』が生まれた。この研究会は、創立40年を機に昨年川端康成学会と改称し、今では銀の鈴社が事務局をつとめています。「山の音」の川端邸裏山の反対側を、私の終のすみかときめて鎌倉在住も、はや20年になります。

菊池　徹さん・西堀栄三郎さん
作間敏夫さん

菊池さんは、「南極第一次越冬隊」11人の1人。北大の鉱物学博士としての研究の一環。『こねこのタケシ』でお世話になった作間隊員は朝日新聞社から派遣の通信担当。11人それぞれが専門分野を担っての体力、頭脳ハイレベル集団。そのなかで苦労を共にした動物たちとの交流は、『タロ・ジロは生きていた』の犬、『こねこのタケシ』、西堀隊長の心の守り役カナリヤ。どれも涙なしでは聞けなかったのです。帰国後、カナダに永住した菊池さんは年一回講演旅行のため帰国、その宿を我家の空き部屋にきめていて、夕食はご

右、菊池　徹さん
左、西堀栄三郎さん

一緒することが多く、極地でのおもしろい思い出話を聞きました。その話のなかの南極に行ったけなげな子猫タケシのことが捨て置けず、タケシ供養の想いで絵本に。数年前、菊池さんは亡くなられ芝の増上寺で盛大なご葬儀が執り行われました。作間さんは今、80代、相変わらずダンディな紳士。

菊池さんは「探検と冒険の違い」にこだわって人生観としての主張を講演や著書に発表されました。探検は研究に裏付けられた行動で死とは無関係だと。作間さんに「通信に興味をもったきっかけは？」とたずねたところ「アメーバーでも生きているものはすべて、なんらかの交信を必要としている。命イコール交信」と。この情報過多の時代をどのようにお考えかアメーバーに注いだまなざしで解説していただきたいと、編集者としての自分への宿題です。

ドキュメントフォト・南極
タロ・ジロは生きていた
菊池　徹／著
1983年7月

タロ・ジロは生きていた
—南極・カラフト犬物語—
ノンフィクション
藤原一生／著
菊池　徹　監修
1983年4月

作間敏夫さんと私
(2006年)

こねこのタケシ
—南極大ぼうけん—

すずのねえほん
阿見みどり／文
わたなべあきお／絵
1986年3月

草野心平さん（1903－1988）・吉田精一さん・神保光太郎さん・北川太一さん・請川利夫さん

草野心平さん・吉田精一さん
神保光太郎さん・北川太一さん
請川利夫さん

我が家の掛け軸、草野心平書の「つるつるの不二をそめる淡い虹いろ」は、銀座の日動画廊での個展に伺い、支払いは「月賦」を交渉して納まったもの。『高村光太郎の人間と芸術』の編集会議兼座談会以来2回目のお目もじ。先生はにこにこ顔をほころばせて、まだ小学生だったこどもたちに「つるつるの不二って富士山のことだよ。これ自分でも気にいってるんです」と。

座談会は駒込の六義園の茶室。光太郎の「人間」について思い出を語りましょうと企画。本への収録の目的でした。神保光太郎、吉田精一、北川太一と有名人の集まりで、和気あいあい楽しかった思い出深い座談会。神保光太郎さんがとても人なつこくて、庭園の散歩中ずっと詩のお話で盛り上がり、いつか僕の詩集も編集してほしいと。気にかけつつ『げ

左から請川利夫、草野心平　中央 神保光太郎、
吉田精一、北川太一、柴崎俊子

草野心平さん（1903－1988）・吉田精一さん・神保光太郎さん・北川太一さん・請川利夫さん

げんげと蛙
草野心平／詩
長野ヒデ子／絵
1984年9月

んげと蛙』の草野詩集はまとまったのに、そのうちそのうちとついに果たせず、後悔のひとつ。『げんげと蛙』は、小学校教科書で作品が長年取り上げて頂いています。

左より草野心平、吉田精一、神保光太郎

小林純一さん

私の出版人生の大黒柱となったジュニアポエムシリーズ。ひとりの熱意だけでは夢で終わる。現実となって半世紀もこつこつと続いたこのシリーズの誕生の核には、小林先生と、英断のもとに協力してくれた亡き夫の存在。詩集「茂作じいさん」は、その年の賞をひとりじめした感あり、奥さまのお喜びはひとしおでした。永い年月のご苦労をかみしめる尊い時間でした。

茂作じいさん
小林純一／詩
久保雅勇／絵
1978年6月
★赤い鳥文学賞、日本童謡賞

小堀杏奴さん

森鷗外の娘さん。

上田敏全集は私の教育出版センター時代の仕事のなかでは、世界歴史文化大事典、比較文学全5巻、アララギの復刻事業、ジュニアポエムシリーズと特筆すれば五大編集のひとつ。

なかに投げ込む月報の原稿依頼は　大物の寄稿をねらってさらにきつい仕事だった。今となれば苦労してよかったと思うけれど。

ＯＫはとったものの、なかなか書いて頂けない。あちらにとっても大事な上田敏のことだからみな難渋のようすでした。あるとき、何回目かの催促の電話で、「わたしはもうおばあさんだから…」といいながら、思いがけない共通の話題に触れて、なんと1時間余も。饒舌になったそのきっかけは、私の美術観。上田敏の芸術論にすっかり傾倒して感想をのべたところ、

「私もほんとに同感よ。ところであなたは西洋の画家ではだれが好き？」と。

「私はいちばんといわれればルソーが好きです。あとはルノワールなど印象派。美術としては日本画のほうがなじんでますけど」

「ルソーは私も大好きよ。あの迷いのない太い線。ルソーは美術学校などいってないのよ。ずっと教会のステンドガラスの職人で生活してた人。だからあんな絵しか描けなかった

のね。だけどそこが魅力になって世界に認められる。極めるということの強さだと思うのよ。これは私の勝手な考えだけど。自分の考えをしっかりもつこと、上田敏もそう。そのところに惹かれるわ」。

私は、そのときの小堀さんが、面識もない一編集者に電話とはいえ対等に対応してくださったことと、このときの確たるお言葉が忘れられません。

今、野の花画家としてのもうひとつの私の生活のなかで、小堀杏奴さんを通して知ったルソーの心が大きな杖になって励ましてくれています。

初版　上田敏全集・全10巻

駒宮録郎さん・武田淑子さん

西武電車で上石神井駅だったと思います。広いキャベツ畑。キャベツはどんな風にあんなに何枚も葉を重ねるのかと、不思議に思いながら歩いたので、あっという間に着いた気がします。先生の画風は詩集にぴったり。やさしい色使いで詩情があふれて、なんといってもベテランの画境で、一段とレベル高い本になります。

あるとき「遥かなる大地」と題した原画の束を見せて頂き、シベリア抑留時代の風景に胸つぶれる想いでした。帰って社長（夫）に報告したら、あなたがいいと思うなら、先生のご希望に添うようチャレンジしてみなさいと。

駒宮録郎さん（1915－1986）・武田淑子さん

すばらしい画集になりました。

先生亡き後、娘、武田淑子さんに、今でもよくお願いして描いていただいています。父上の画風にデザインムードがプラスされて、さわやかで、繊細で、おしゃれな詩集にいつも感動します。『さくらが走る』は、二〇一二年度日本童謡協会賞を受賞しました。

ぞうの子だって
青戸かいち／詩
駒宮録郎／絵
1985年3月

さくらが走る
宮田滋子／詩
武田淑子／絵
2011年3月

鈴木敏史さん

ジュニアポエムシリーズの記念すべき第1号『星の美しい村』。解釈学会から生まれた島崎藤村研究会の事務局のお手伝いをして、東洋大学教授、伊東一夫会長から、児童書だけど再版したい詩集があるのでお願いしたい、初版は周りの人々の協力で売り切れてしまった、と。

私は、この少年詩こそ自分の理想のジャンルと、夢中になって一気に読みました。それまで、万葉集研究、高村光太郎研究、長塚節研究など国文学の研究書ばかりで、やっとほっとした忘れられない時間でした。まじめな伊東先生は、恐縮しながら「何部買い取ればご迷惑にならないのか、計算してく

鈴木敏史さん（1932－2008）

ださい」と。鈴木さんは夫と同じ青山学院経済学部の同級生ということがあとでわかり、信州から上京して食事をしたり、不思議なご縁に伊東先生とまたひとつ距離が縮まりました。これを機に研究書だけだった図書目録に、児童書のコーナーが加わることになります。序文の依頼で小林純一先生との出会い、重版ということで初版の印刷工場との出会いがあったのです。この松本の印刷会社、電算印刷は今もずっとお世話になっています。

星の美しい村
鈴木敏史／詩
宮下啄郎／絵
1974年3月

高田敏子さん・久冨純江さん

高田馬場だったと思います。駅からさほど遠くない住宅街にはいると、先生が家の前でお待ちになっていて、初対面の私に手を振って迎えてくださる。緊張がほどけて、母のもとにいるような心地よい訪問でした。「詩はたいせつなジャンルです。とくにあなたのように子どもに詩の世界をというお考え、うれしいわ。お母さんにも詩を薦めたくて私『野火の会』を作ったけど、生活のなかには、耳を澄まし、目をこらすとたくさんの詩のタネが言葉にして！って待ってるのね」好感の持てる上品な和服姿の先生は、私がイメージしていたそのまま。小林先生からよろしくって頼まれたから、すぐこうしてまとめましたよ。ジュニアポエムシリーズがどんどん生まれるといいわね」と。

1年ぐらい過ぎたでしょうか、お電話で新宿の展覧会会場でお会いしたいと。なにかしらとかけつける。「わがままいって申し訳ないけど、娘のこと聞いてくださる？　実は我が子ながらとてもいい詩がまとまって。料理の得意なひとで、お料理と詩を組んだユニークな世界なの。一度、目を通して頂いて出来ることならぜひジュニアポエムシリーズに考えて頂きたくて」と、その場できちんとファイリングされた袋をお預かりしました。中学生のぼうやに心砕いてつくる料理や、台所からの目線で随所にポエジーを表現し、『クッキングポエム』とサブタイトルを提案して一冊になりました。

土屋文明さん・吉田正俊さん
柴生田稔さん・樋口賢治さん

青山の住宅街、平屋建ての純日本風のお宅に島木赤彦のご長男と父と3人で土屋先生宅をお訪ねしました。アララギの前身「ヒムロ」の復刻事業に推薦文を頂くためだったと思います。たいそう話がはずんで思いがけなくも「アララギ」の復刻、それが無理なら「アララギ」の選歌後記だけでもと。これは人気があるんだ、と自薦しきり。島木さんの「柿蔭山房」「続柿蔭山房」を出版してそのご報告も兼ねての訪問でした。

やがて「アララギ」復刻事業の企画もでき、いよいよ契約

土屋文明さん（1890－1990）・吉田正俊さん・柴生田稔さん・樋口賢治さん

という段階で、吉田正俊、柴生田稔、樋口賢治ご三家の承諾がなかなかとれない。柴生田家の玄関先で「今　忙しいんだ！帰りなさいッ」と悲しい応対を社長（夫）とともに受けながらお百度踏む難関が待っていました。樋口先生はとてもやさしく同情的、吉田先生も「キリンも老いては駄馬になる」とご自分の不甲斐なさを弁護されて、結局なにが原因であのような冷遇を受けたのか、鈍感なせいか未だにわからない。結果はみなさまに大事業をよく成し遂げてくださったと感謝していただいたのだけど…。土屋先生おすすめの選歌後記の復刻は、本体が全部復刻されたことで完成したことになるのでしょうか。

鶴岡千代子さん・秋葉てる代さん

小林純一先生から「紹介したい人があるから」とお宅にお伺いしたのが鶴岡さんとの初対面。『白い虹』の原稿をおふたりのまえで手渡され、「よく読んでまた相談しましょう」と。後日、私だけお邪魔して意見交換をほぼ一時間も。「七五調でなつかしい調べと、あたたかなことば、こんな日本のよさを表現した詩はぜひ、子どもたちに届けたい」と私。「僕は、感覚が古いからクエッションだけど、あとはあなたにおまかせ」。それがこの年の日本童謡賞にえらばれ、小林先生に「これからはあなたの感覚でこのジュニアポエムシリーズはだいじょうぶ」とお墨付きをいただきました。

鶴岡さんはその後『白いクジャク』『白い虹』と3冊。とくに最後の原稿は遺作となりましたが、愛娘のてる代さんが校正の打ち合わせも立ち合って、病の中の母親の文筆への執念を直接みていいてくださいました。秋葉てる代さんも、若々しい感覚で、子どもたちに夢と向日性の思考の詩境を築いておられます。

白の三部作

白い花火
鶴岡千代子／詩
武田淑子／絵
2004年12月

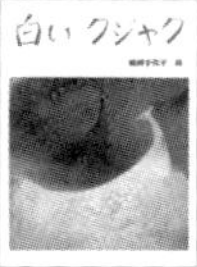

白いクジャク
鶴岡千代子／詩
加倉井和夫・武田淑子／絵
1984年11月

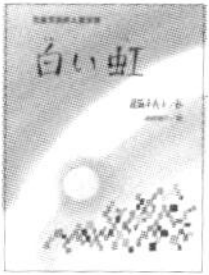

白い虹
鶴岡千代子／詩
武田淑子／絵
1979年6月

ハーフムーンの夜に
秋葉てる代／詩
武田淑子／絵
1987年11月

おかしのすきな魔法つかい
秋葉てる代／詩
やなせたかし／絵
1999年10月

西尾　実さん

晩年の病床からのお電話でした。

「俊子さん？…あなたは、お母さんも同じだけど苦労するね。知ってるかな…本当だったら今頃は、あなたたちはゆったりした優雅な生活ができたはずなんだ。お父さんを岩波の日本古典文学大系、万葉集の編集委員に推薦したのに、「解釈」という月刊誌を立ち上げるところだと。私は懸命に説得に努めたのだが、お父さんは頑固だったよ。たいへんな奉仕の仕事を選んだ。ぼくは、あなたたちを幸せにしなければ死ぬに死ねんのだ。お父さんにはずいぶん助けてもらったからね」

えんえんと1時間半、病床からの最後の電話は、それまで伝えたかった事を一気に一方的に、信じられないほど熱の籠ったおことばでした。自分の命は戦友の分の命だから…と、生きている母や5人の子どもをあとまわしに、必死に立ち向かい続ける父に対してやや困り果てたあげく、人づてに耳にしたという私たちの貧しい生活を、西尾先生は不憫に思っておられたのでした。大学を卒業したときから就職先の道づくりまで、すべて西尾先生のお導きにしたがってきたという父の、たったひとつの反抗だったことを、その電話で知りました。海城中学、飯田中学、釜山高女、文部省、戦後の茨城師範とすべて西尾先生のお声がけでした。「解釈」の発行に、家族が翻弄されていた頃はあまりにも苦難の道程で、私たち家族を心配して蔭からみていてくださった西尾先生を、忘れることはできません。

芳賀　登さん

スタンダード版　世界歴史大事典 全21巻
監修　梅棹忠夫　江上波夫　編集統括　芳賀　登

筑波大学副学長の激務の中で、教育出版センター創業20周年記念出版『世界歴史文化大事典』の編集代表を引き受けてくださいました。これはあまりにもきびしい、会社の器を超えた事業でした。先生は徹夜作業も厭わずの奉仕に近い関わりようで、忘れられない感動の物語です。後年、夫の葬儀委員長として「志を貫

芳賀　登さん（1926－2012）

左、長男・聡／中、芳賀登／右、夫・芳夫　1990年頃

く類まれな出版社」と、仕事で殉死したも同然の彼には最高のありがたいお言葉で送ってくださいました。

つい最近奥さまから頂いた芳賀先生の訃報。深くご冥福をお祈りいたします。

著書：教育出版センター刊

近世知識人社会の研究
1985年4月
日本の農本主義
1982年10月
「夜明け前」の実像と虚像
1984年3月
日本文化論
1991年4月
偽官軍と明治維新政権
1992年8月
江戸東京文化論
1993年6月
肥後和男「史学を考える」 1993年6月
江戸歌文脈の成立と展開
1994年12月

長谷川泉さん

川端康成学会（旧称、川端文学研究会）の元会長で学習院大学教授、森鴎外記念館館長、医学書院社長を兼務されてご多忙な中を、緻密な実務をこなしておられました。たとえば、今日のお礼はかならず今日中にはがきで投函。美しい走り書きの文字のはがきをたくさん頂きました。

父、山口正の葬儀にはいち早くかけつけてくださり、「夕べ書きました」と葬送の書をくださいました。

川端文学研究会発足のころは、川端先生との窓口を務めた父を細やかにフォローされます。「川端さんへのお手紙は、きちんと巻紙で、毛筆で…」などと。

長谷川泉さん（1918－2004）

同じ出版界で生きる故か、夫・芳夫にも親身で、ふたりの姿をまるで兄弟のようだと評されて、ご自分でも弟のように感じると笑っておられました。

出版のこと、解釈学会のこと、川端研究会のこと、本郷のお宅へも何度かお訪ねしたことでした。

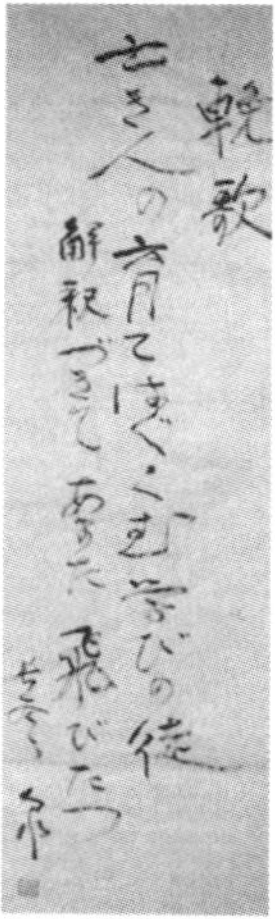

輓歌：長谷川泉解釈学会顧問より

著書：教育出版センター刊

文章を書く心 1974年

近代日本文学の側溝 1978年1月

森鷗外盛儀 1992年12月

春山行夫さん

「文化史の百科事典」ともいえる人間脳みその元祖。コンピューター時代の今でこそ情報の便利さは大衆の手の中。しかし、ほんのひと昔前は、春山先生の出番が尊ばれました。西洋、東洋、日本…文化というひろいくくりも春山先生はいともたやすく応えられるのです。

ご自宅が徒歩圏内のよしみで、ずいぶんお世話になりました。コーヒー党で散歩のコースに小社の喫茶室「レトリカ」(大塚にあった頃)でひと休みされるのがお楽しみとか。『花の文化史』(中央公論社)、『春山行夫の博物誌（全7巻）(厚生閣書店)』で有名。

春山行夫さん（1902－1994）

ある日、「相談がある」と思い詰めたお顔。「自宅はもう限界で妻と息子が本をなんとかしてくれと。お宅で買い取ってもらえまいか…」と。学者だった私の父も没後、トラック2台分で泣く泣く処分したものです。いずこも同じ、本は家族の大荷物。どこかに春山文庫は出来なかったのでしょうか。

科学万博ものがたりII
春山行夫／著
日本図書館協会選
世界初の万博博からの歴史をくわしく紹介。
1984年7月

久松潜一さん

解釈学会機関誌「解釈」のことや出版の関わりで何度もお力添えいただきました。父の大先輩なのになぜか「山口さん、山口さん」と父に親身に対してくださった。大きな企画となるとまず監修者の筆頭にあがり、いつも気持ちよく応じてくださったのでした。たとえば、つい最近復刊した『一〇〇人で鑑賞する百人一首』は、もっとも思い出深い一冊。編集の企画をひととおり説明すると、「いいね。そうだね。学者が多いけど、歌人にも入ってもらった方が厚みがでませんか?」と、百人の候補をひとりずつ吟味される。細やかなアドヴァイスでいつもながら父と顔を見合せて感動したものです。

学会誌「解釈」は若い国語教育者や国文学者の登竜門として実績をつんできましたが、その基盤作りの時期では大岩のように父を背後から支えてくださった慈父のようなお方でした。

久松潜一さん（1894－1976）

久松潜一／監修
武田元治／編
1983年11月
2012年3月復刊

深沢紅子さん・深沢省三さん

いつのころからか、「こうこせんせい」とお呼びしてきました。佐藤実著『立原道造』の推薦文をいただきに伺ってから亡くなるまで40年余のご交流。そのきっかけは、「仕事をする女としての日常」の告白話に、時のたつのも忘れた充実した初対面。「あなたはお子さんを育てながらなの？」「まあ、3人も。今日は帰ってからまたたいへんなのね」。私は毎日が精一杯でそれはごくあたりまえになっていました。紅子先生も子育てと家事中心。絵の具を持つのは子らを寝かせてからだったと。「女性はほんとにたいへんよねぇ」。

今でこそ働く女性の環境はかなり整備されて、家事を手伝う男性も普通です。こんなちいさな話題であんなに盛り上がったのはほかに何か要因があったのかと…。記憶にないのが不思議。

編集の打ち合わせのあと、紅子先生に日頃描きつづけている野の花の絵にアドヴァイスを頂く。省三先生はいつもよこでにこにこ聞いておられ、ときどき姿をけして、再び現れると、帽子のお色直し。紅子先生は「あーあ」とうれしそうにあきれ顔。おしゃれなおじいちゃんってすてき。ときどき「もうだめだよ」といいながらもまだまだと余裕を感じて、何度かご夫妻ご一緒での画稿依頼をしました。年齢をかさねればまたそれだけ豊かな味がでる画の世界。ずうずうしくお願いしてよかったと、残った数冊の本をしみじみながめております。

紅子先生宅訪問記　1991・2

「深沢紅子米寿記念リトグラフ」(野の花によせて) 2点セット　限定180組　一枚目の「忘れな草」90枚が完成。一枚一枚に今日はサインをお願いする。暮れからすっかり体調をくずされていつものご様子と違う感じ。玄関に現れるや「あら、ふっくら太られたみたいね」と、久々にご挨拶する私の頬を、幼子にするようにやさしく両の手のひらでつつみこみ、にこにこと応対してくださいます。暮れから私もメニエール病で寝込んでいたのを心配していてくださっていたとのことで、やつれて現れると思われたのに意外だったとお笑いになのです。

「では、始めましょう」と先生から促されてテーブルへ。「今、何時？　10時半？　よーし、がんばるぞー」紅子先生は自分に気合いをかけるようにしゃんと椅子に背中をあてる。「さすが　キャリアウーマン！」と声をかけても、もくもくと……。

「ああ、これでなんとか。そう30分？」うなずきながら、ホッと背をのばされます。待ってましたと、すかさず嫁のトシさまがお茶をだされる。窓外の青い空と窓辺にくる小鳥の姿に目を休めて。「あら、なんの鳥かしら？」と私。「そう、よくくるの。目のところ白い筋があるでしょ、目白こじゅけいという鳥らしいの。貫禄があるから、あれがくると他の小鳥が遠慮して遠くで待ってるようですよ」「あ、奇麗な…」「ウグイスね。ほんとにウグイス色。まだ、上手になけないのよ。薮にウグイスとはよくいったもので、そこの笹薮から飛んでくるんですよ」「ああ、それで今頃のウグイスを笹ナキというのですね。まだ、チチチとか…お隣のお庭がちょうどいい具合ですね」と私。「そう、神社で、いろいろな鳥がくるし、ヤマユリが咲いたり山吹とか、モクレンとかこの窓から見えるところに植えさせていただいて楽しんでるの。そしたら、ありがとうなんて言われておかしいのよ」「東京の景色とは思えないたたずまいがほんとに素晴らしいですね」「そうなの、いろいろな小鳥があぁしてきてくれるのよ。いつもリンゴを絶やさないようにしてるの」「この、省三先生のお席は一等席ですね。まっすぐ目の先に小鳥の遊ぶ姿があるわけですね」「そうそう。……あ、起きてきたわよ」いたずらっこがのぞくように半開きのドアから省三先生の声「入っていいかな？」と。

「銀の鈴さんよ。絵が出来てきてサインしたとこなの。」

「省三先生　色校がおくれていてすみません。本文のほうの挿絵はあれでよかったでしょうか？」「あれがね、本人気に入らないらしいのよ。描きなおすって言ってるの。どうしましょう」と紅子先生。「そんなお元気があるのでしたら実はあと3枚ほど追加していただけるとうれしいのですが。ちょっと子どもの読者にはさびしいと思ってましたので・・・」「あなたの口からちゃんと頼んでごら

こもりうた
小泉周二／詩
深沢省三／絵
1991年3月

んなさい」と紅子先生。「省三先生！　あと3枚ほど追加でおねがいします！」と大きな声でぴょこんと頭をさげる。先生はにこにこしてうなずいてくださった。お耳がすこし遠いので紅子先生がフォローしてくださる。

私の日記より　1992・5・29朝　記す

藤の涙

額縁のなかに　あふれる涙をとじこめて
藤は　一枚の絵になりました

今朝も　つい「おじいちゃん」と

深沢紅子さん（1903－1993）・深沢省三さん（1899－1992）

となりの部屋に　声をかけてしまって
なんか　その椅子に
スーッといるような　気がして・・・
70余年も　いっしょに生きた
パートナー　省三先生が　逝った
95歳の誕生日　富士山の見える病室で
孫がつくったケーキを囲んで
四世代が集まった　そのにぎわいの中で
ローソクの灯が消えるように
枯れ木が自然に倒れるままに
静かに息絶えたおじいちゃん
私より　一日でも　先に

苦しみ悶えることなく
・・・
おじいちゃんの死は　願ってたとおりで
よかったと思うの・・・

ふらふらと椅子から立ち上がりながら
紅子先生はつぶやきました

「私　どんどん描くわ」
その瞳を　私は忘れることができません
「先生　そのときは　お庭の藤を描いてください
省三先生がお好きだったお庭の藤を」

深沢紅子さん（1903－1993）・深沢省三さん（1899－1992）

まっすぐな杉の木を　らせんに天に昇る　藤
嫁のトシさんは　祈りながら
かたちのよい花房を活けました
額縁のなかの藤は
ふくよかな　気高さを漂わせて
私と娘　二人の小さな仕事場で
今日も　なぐさめ　励ましてくれています
89歳の筆先は
深い嗚咽にふるえて
しだれるその葉はそのままが　ことばです
うつむく花房は
そのままが　ことばです

それから一年後　紅子先生は、富士の見える山荘で昇天されました。たくさんのご恩をありがとうございました。

あなたが いるから
北原悠子／詩
深沢紅子／絵
1998年9月

花天使を見ましたか
日友靖子／詩
深沢紅子／絵
1991年12月

野の花と遊ぶ
1985年3月

追憶の詩人たち
1993年8月

室生朝子さん

室生犀星全集未収録の作品集『美しい歴史』を出版するというので、大森のご自宅に伺いました。さばさばされた気性で、すぐに打ち解けて、その後何度か訪ねたり訪ねられたり。『美しい歴史』は、加賀友禅の世界だからと、夫と加賀友禅の染めもとまで出向き、特装本の表紙用にと、1反求めたりの懲りようでした。

美しい歴史
室生犀星／著
1984年6月

吉田瑞穂さん、吉田翠さん

東高円寺の吉田宅には30回はお訪ねしました。『しおまねきと少年』は芸術選奨文部大臣賞を頂き、子どものように喜んでいただきました。

「現代詩はむずかしい、わからないといって、人々に親しんでもらえないのが現状です。あなたには、少年詩の畑を耕し、子ども、お母さん、先生方にひろめてほしいのです」。詩の教育者らしい、純なまなざしで、私の背中を強く押してくださいました。

私の疎開した有明海の干潟。しおまねきの群団を思い出し、話に花が咲いた初対面。内容の打ち合わせになり「画家はどなたにしましょう」と先生のお好みを伺っていると、お茶のお世話でそのまま加わっていらした一人娘の翠さんが、さらに細かい注文をつける。「いや違うんだ、ここはこんな大きな木などがあって…」とたちまちワイワイガヤガヤ。これは描きなおしに応える画家でかなり柔軟性がないと…と頭のなかはパニック状態。ふと思いついて「玄関に掛けてあった大きな絵はどなたの絵ですか？」「あれ、私よ」。翠さんが画家であると知って「今みたいにけんかしながら楽しく親子合作の本にしませんか？」「私こんな大きな画しか描けない」と。とにかくやってみましょうと進言。瑞穂先生はうれしそう。

ざっくばらんな父娘のムードに巻き込まれてきまったこのコンビは、その後、第2・第3詩集も自然にきまり、調整役の出番もなく、原稿を頂きにいくだけ。その後、翠さん曰く「柴崎さんは私の恩人。あれからつぎつぎ挿絵の依頼がきて…」と、その後、お会いするたびに感謝されました。とってもはげしい純粋なコンビでした。

しおまねきと少年
吉田瑞穂／詩
吉田 翠／絵
1977年3月

はるおのかきの木
吉田瑞穂／詩
吉田 翠／絵
1991年11月

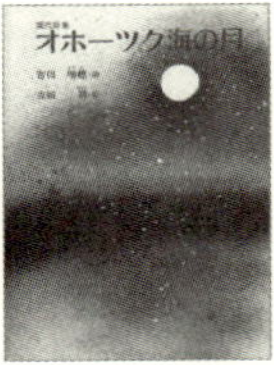

オホーツク海の月
吉田瑞穂／詩
吉田 翠／絵
1989年2月

与田準一さん

井の頭公園の中を通り抜けて、なんとなく楽しい気分のまま与田家に辿り着く。温厚な先生はジュニアポエムシリーズについての私の想いを、ゆったりとお聞きくださいました。「いいねぇ。だけど詩集は売れないからたいへんですよ。応援しますよ」と、私にとって打てば響く著者のお一人。雑談のなかで登場した深沢紅子、省三先生は私も懇意にしていただいているので、絵を深沢ご夫妻におねがいすることで合意。「お二人がお元気だったらぜひお願いしたい。うれしいなぁ」と。おいとまを乞う間もなくさっと羽織をはおり「私も、ちょっと運動しましょう。公園をご案内しましょう」と、四季折々の草花や樹木、池のカモや渡り鳥などのお話が続き、とてもいい思い出の場面として脳裏にきざまれています。

ちょうど父と同年輩だったらしく、父を家族同然に守り続けてくださった西尾実先生のことなどにも話がはずんだことでした。

ゆめみることば
与田凖一／詩
深沢省三・紅子／絵
1980年11月

編集者としての私

創業時の銀の鈴社（1970年頃）
次女、映子と西神田の事務所で

受賞のことば

㈳日本児童文芸家協会・第51回　児童文化功労賞
柴崎俊子

このたびの受賞に、果たして自分の何が値するのか…と自問自答して、はからずも人生を総括する貴重な時間をいただきました。

振り返ってみると　いつのまにか私の編集歴は50余年。関わった1冊1冊が、1人1人の人格をもって蘇ってきます。

以前、新聞記者のインタビューにこたえた私を「魂の伝道者」という見出し記事でご紹介いただきました。その時私は、自分の命は　伝道者としての役割でこの世に生かされているのだと実感しました。

私のライフワークは　ふたつに絞れます。ひとつは、ジュニアポエムシリーズなどの出版を通して、良質のことばを真っ白な子どもの心のキャンヴァスに届ける事。ひとつでもふたつでも、こころに残るフレーズと出会いますように。

豊かな人生のための土づくりだからです。

もうひとつは、美しい日本語の原典「万葉集」をよりどころに、万葉びとのメッセージをわかりやすく伝える事。

万葉びとに愛され、今も命のバトンをつないで咲く野の花の水彩画を添えて。

人が人として生きていく上で、何がいちばん大切か…素朴な万葉びとの歌が、はっきりと伝えてくれています。その動機…貫いてきた信念の芽生えは、霞ケ浦の畔、阿見町阿見中学時代です。

東京の高校受験のため毎日、ひとり放課後の補修授業を受けて、夕暮れの田んぼ道をとぼとぼと帰る心細さ、こわさ。
そのとき握りしめていたお守りがこれ「石川啄木詩歌集」です。このかわいいヨレヨレの1冊が、私の心の杖でした。

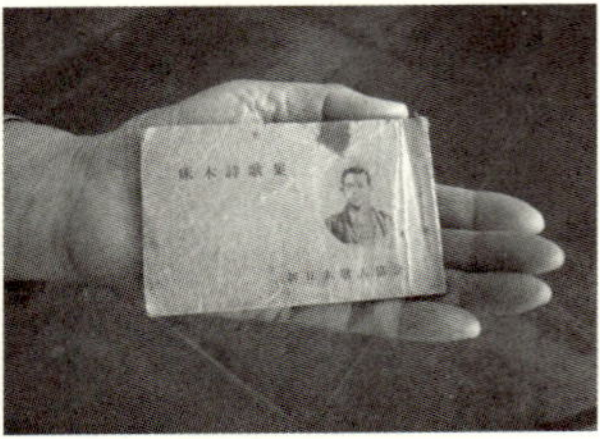

空に向かって　朗誦しながら…

こずかたのお城の草に寝ころびて空に吸
われし15のこころ　石川啄木

北原白秋の「巡礼」の一節
真実一路の旅なれど真実鈴ふり思い出す

これは、銀の鈴社の社是として今も日々

向き合っていることばです。万葉の歌については、万葉学者だった父が、日常生活の折々に口ずさむ七五調の心地よいリズムが、知らず知らず心に根付いていったのかもしれません。

こうして、私は、人生のけわしい山坂や、迷いの節目のときに、15歳のころなじんだことばたちに導かれて、前に向かって歩いてこれたのだと思います。

編集の仕事は　黒子です。

縁の下に光をあてていただいた今日の晴れの日。今まで助けてくださった著者や読者、同じ道をゆく後輩のかたとともに、この受賞を応援歌と受けとめて、心から御礼を申しあげます。

二〇一二年五月二四日　東京・私学会館

道　情けは人のためならず

東京女子大学を選んだことで、私は今の生活を存分に楽しみ感謝する終盤の人生に辿り着いたと実感しています。私にとっての女子大は、凡そ真なること、犠牲と奉仕、万葉植物園。

私の興した「アート&ブックス銀の鈴社」の社是は「真実一路、ちいさな命を見つめて」。夫亡き後、ジュニアポエムシリーズを柱に出版の仕事をひきつい

ありし日の父、山口正

で、娘と孫3世代のファミリー出版社です。60歳を節目に経営を2代目に譲り、大好きな編集の仕事と、休日は万葉野の花の絵を描き続けて、充実と感謝の毎日です。

戦地から生き延びて帰った父は、自分の命は戦友たちの代わりと、万葉学者の身で「解釈学会」を立ち上げ月刊誌「解釈」の充実と編集発行に夢中でした。国の復興には地方の国語教育に研究発表の場が必要というのです。たいへんな事業でした。父の教え子だった夫も巻き込んで、私は父のかたくなな想いに人生のすべてを捧げた気持ちでした。女子美をあきらめて東京女子大学の国文科を選んだ瞬間、私の道は決まったのだと。

夫を見送り両親を見送った今、あらためてこれは自分自身のための道だったのだと知りました。

女子大時代の友が言いました。

「あなたは万葉集のうらづけがあるから、星の数ほどいる画家の中、ひとつ抜きん出ているのよ。お父さんに感謝ね」

これからも岐道では「真実なること」を胸に、好きな絵とみなさまの人生の「道」を本にするお手伝いをしていきたいと思います。

（筆名・阿見みどり、野の花画家・銀の鈴社編集長）

—東京女子大学同窓会会報　第54号　2012・3・15より

ジュニアポエムシリーズ
詩集二〇〇冊余を刊行して

柴崎俊子・西野真由美・西野大介

銀の鈴　教育出版センターの児童書・川端文学研究会等を引き継ぐ。ジュニアポエムシリーズ、年刊『子どものための少年詩集』（「現代少年詩集」を改題）等を発行。

「魂の伝道」

数年前のこと突然、読売新聞本社文化部の記者から電話取材を受けました。「ジュニアポエムシリーズについて概略を」とのことで、矢継ぎ早の質問にこたえたのでした。その記事の大きな見出しの表現がこの「魂の伝道」でした。

「たった一行の言葉が一人の人生の道をつくる」。私は、自分の経験からそう信じて疑いません。私にとってのそのフレーズは「真実一路の旅なれど真実鈴ふり思い出す」、北原白秋の「巡礼」の中の一行です。人生の途上でぶつかるさまざまな場面で、自分勝手な解釈ながら心の杖となってささえてくれる言葉。15歳のときのこの「感動の言葉との出会い」を多くの子どもたちに贈りたいと願いました。

シリーズ第1号は、最近天に召された鈴木敏史さんの『星の美しい村』。発行は1975年ですから、かれこれ35年の歳月が流れたことになります。

ジュニアポエムシリーズは、個人詩集。詩人の分身です。

詩人その人より、限りなく純粋なその人そのものかもしれません。言葉の世界に真摯に向き合い言葉を紡ぎ続ける詩人たち。紡ぐ人がいて、伝える人がいて、真っ白な感性の子どもたちがいる。行間の余韻を１００人１００様のイマジネーションで読む人の心に響いていく。少年詩は年齢を超えた究極の文学です。

〈小林純一先生のこと〉

『星の美しい村』の刊行に際して、序文のお願いにはじめて小林純一先生のお宅を訪ねました。少年詩について前述の積年の想いを吐露したのです。小林先生は真剣にお聞きくださって「あなたが望むならできる限りの応援をしますよ」と。そして、具体的な小林路線がひかれ、当時、教育出版センターの社長だった夫、柴崎芳夫の全面協力を得て、ジュニアポエムシリーズはスタートしました。

小林先生いわく、「まず、この世界でベテランの詩人一〇人に機関車になって頂いて、優秀な新人の発表の場になるようにしましょう。きっと素晴らしい作品が世にでていくはずです」と。

「新人の登竜門」となる場を提供する出版社、それこそ私たち夫婦が日々励んでいた姿勢です。柱の月刊誌「解釈」は、学者の父が創設した国語国文学・国語教育の学会誌。全国の先生や院生の論文発表の機関誌として多くの学者の登竜門とされ、定評があります。小林先生は地道な社志を高く評価してくださり、私たちの目線を企画のポイントにしてくださったのでした。

10人の詩人たちは、みな賛同され短期間に10冊の詩集が揃いました。それまで国文学の研究書専門で児童書のジャンルは、作ること、売ることすべて手探りでした。そのため、新たなアイデアが浮かぶと即実行という連続です。

たとえば、ひとりでも多くの子どもたちに詩の世界を案内したい、と東芝EMIとタイアップして10人の詩人にスタジオで朗読していただいたことなど、ずいぶん思い切ったチャレンジだったと懐かしく思い起こします。

35年近い歩みの過程でたくさんの文学賞をいただきました。赤い鳥文学賞、芸術選奨文部大臣賞、日本児童文芸家協会賞、同新人賞、日本童謡賞、同新人賞、日本児童文学者協会新人賞、三越左千夫賞など数々の栄誉にめぐまれ、また、教科書の巻頭詩や入学試験の問題などにもなっています。

最近は心の深淵を表現した作品より、地球、環境、命、戦争と平和、家族など、社会問題の関心に目を向けた作品が多く見受けられます。それだけ「今」はむずかしい課題が満ちていることを示唆しているのでしょう。このような時にこそ、異年齢の複数の人々や家族で、一つの詩を味わい想いを交換し、喜びを共有できる詩の朗読の出番だと思います。アメリカやフランスでは、喫茶店のような身近な場所で、「詩の朗読」を楽しむ場面が多いとか。日本でも気軽な遊び心のジャンルのひとつになるといいなと思います。古希を超えた私ですが、還暦を期に代表のバトンを娘に渡しました。これからは、ラ

イフワークの詩の編集と日本の韻文の礎、万葉の世界に心委ねて、命を刻んでいきたいと思います。（柴崎俊子）

まもなく200点目を刊行するジュニアポエムは、新人からベテランまで、個性あふれる輝きを放ちながらポエムの世界を謳歌しています。ジュニアポエムという舞台が、新しい世界へ旅立つステップとして着実に成果をあげているのはうれしいかぎり。また、子どもの頃、図書館でよく読んでいたという話も聞くようになりました。歳月をかさね、継続することの大切さを痛感しつつ、励みにもなっております。

この五月一日には、ジュニアポエムシリーズNo.198『風がふく日のお星さま』（宮田滋子詩集）が誕生。四月からは、母と私の隣を今度は息子も一緒に走っています。

そして、ジュニアポエムシリーズNo.２００を目前に、銀の鈴社は銀座から鎌倉へと移転しました。

念願であった文化の発信拠点としてのギャラリーと、文化サロン用のイベントスペースを兼ね備えた社屋は、鎌倉の鶴岡八幡宮のすぐ近く。昭和初期の古民家です。昔ながらの瓦や高い天井、欄間や床柱もあります。

鎌倉の地で、かつて川端康成先生に命名していただいた「以文会友叢書」も復活します。

詩画展や朗読会、合評会や研究会。ミニライブラリーコーナーでは、銀の鈴社の書籍も常時展示販売しております。

ポエム（韻文）を愛する伝道者として、訪れる人の心の鈴をチリンと鳴らすようなスペースを一歩一歩つくりながら、小粒ならではの新しい出版社を目指してまいります。

どうぞお気軽にお立ち寄りくださいませ。　（西野真由美）

１９８６年の設立より、銀の鈴社はジュニアポエムシリーズを軸に、数多くの書籍を世に送り届けてまいりました。

１冊の書籍が詩人の分身であるならば、１冊の中に収められている一編の詩ごとにも命が存在していることでしょう。お預かりしている何百の分身、何千もの命の数々を様々な形で社会へ発信していきたいと思います。

新しい社屋では、ポエムという存在をもっと身近に感じていただき、年齢に関係なく訪れた人たちが笑顔に、そして心を豊かにしていただける空間にしたいと考えております。

　銀の鈴社と同い年の私ですが、これからはポエムをより身近な存在にするべく、一緒に成長していきたいと思います。そしてともに成長していく中で、少しでも社会に貢献できることがあれば幸せです。どうぞよろしくお願いします。

（西野大介）


―「児童文芸」２００９年８・９月号より―

古民家のギャラリー併設の出版社。
2009年3月、銀座から鎌倉に。八幡宮の近くです。
右から西野真由美、大介、私。3世代

あとがき

銀の鈴社の創業時のことや、来し方の編集余話をぽつりぽつりと話すこの頃です。隣の席に座る3代目の孫、大介に「出版人のこころ根《ね》」をひきついでほしいという下心があるからかも知れません。なんといっても人生の終盤にさしかかった私です。

著者の分身である1冊の本。その誕生に携わった産婆役の編集者の視点から、思い出すままに辿っていこうと書き始めました。書棚を眺めながら、アトランダムに本の向こう側を思い起こしての作業です。人生いろいろですが、本の誕生もたくさんの「想い」をこぼれそうに積んでいます。

２０１２年7月1日　柴崎俊子

名刺がわりの掌の本

思い出の編集日記

NDC914 96頁 105㎜×74㎜

2012年7月22日　初版発行　　1000円＋税

著者　柴崎俊子　装画　阿見みどり©
発行者　柴崎聡・西野真由美
発行　銀の鈴社　〒248-0005　神奈川県鎌倉市雪ノ下3-8-33
TEL0467-61-1930　FAX0467-61-1931
http://www.ginsuzu.com

印刷／電算印刷　製本／博勝堂

©Toshiko Shibazaki, Midori Ami
Printed in Japan ISBN974-4-87786-418-7 C0095